Anton Seeberger

Wie neugeboren

Zur Taufe

Schwabenverlag

Hauptperson

Die wichtigste Person bei der Feier der Taufe ist der Mensch, der getauft wird. Wir sagen zu ihm Täufling, wenn er noch ein Kind ist.

Das klingt so zärtlich wie Liebling oder Hänfling. Wenn der Mensch, der getauft wird, schon für sich sprechen kann oder gar erwachsen ist, dann reden wir von der Taufbewerberin und vom Taufbewerber. Den Hauptpersonen ist dieses Büchlein gewidmet zur Vorbereitung auf das Geschehen oder zum Nachdenken, wenn die Taufe schon vollzogen ist. Vielleicht braucht die Hauptperson jemanden, der das Vorbereiten und Nachdenken jetzt noch für sie übernimmt – Eltern, Paten, Großeltern, jemand aus dem Lebensgeflecht des kleinen Täuflings. Sie nehmen jetzt den wunderbaren Schatz der Taufe in Empfang. Allmählich werden sie ihn weitergeben. *Siehst du*, werden sie sagen, *so haben wir dich getauft. So viele Gedanken, so viele Zeichen, so viele Gebete, so viel Nähe und Zusage Gottes wollten wir dir auf deinen Lebensweg mitgeben.*

Am Eingang

Es ist eine besondere Wertschätzung, wenn man abgeholt wird. Gern gehen wir einem Menschen entgegen, auf den wir uns freuen. Wir gehen vor die Tür, um ihn willkommen zu heißen und ins Haus zu geleiten.

Wer schon lange zum Haus gehört, dem wird ein solcher Empfang nicht mehr zuteil. Der Schritt in die Gemeinschaft des Glau-

bens beginnt am Eingang. Du wirst am Portal erwartet, empfangen und nach deinem Namen gefragt. Das Tor öffnet sich und vor dir tut sich der schöne und hohe Raum in seiner ganzen Größe und Pracht auf. Wo Gottes Volk sich versammelt, da darf es nicht eng und niedrig zugehen. Herz und Blick werden nach oben gezogen, weit hinaus über den Horizont des Irdischen. Sei hier willkommen! Bleib eine Weile! Schaue! Höre! Die Gnade Gottes ist mit dir!

Wahlverwandtschaften

Kein Mensch sucht sich seine Verwandtschaft aus. Mutter, Vater, Schwester, Bruder, Tante, Onkel sind uns gegeben. Sie haben mich nicht gewählt und ich habe sie nicht erkoren. Die Gabe des Lebens ist unbedingt an das Vorgegebene geknüpft.

Die Fahrt ins Leben geht aus von den Vorfahren. Bei der Taufe bekommst du Verwandte dazu, die du wählen darfst oder die für dich ausgesucht wurden. Sie sind wirklich deine Verwandten, wenn sie es wollen. Das spröde kirchliche Recht spricht den Paten eine »geist-liche Verwandtschaft aus der Taufe« zu; sie ist so eng, als ob Pate und Patenkind miteinander blutsverwandt wären. Jemand stellt sich an deine Seite, auch wenn du es noch nicht weißt. Deine Paten werden gefragt, ob sie zu dir stehen wollen, gleichgültig, welchen Weg du wählst oder geführt wirst. Sie sagen ein klares Ja. Das Patenamt ist eine Verwandtschaft im Glauben und ein Versprechen der Treue.

Ich bin dein Freund

Die Menschen, die einem begegnen, sind nicht zu zählen. Je größer das Umfeld wird, auf dem wir uns bewegen, umso mehr Bekannte haben wir: Kinder aus der Nachbarswohnung und von der Straße, Spielgefährten, Mitschülerinnen, Sportskameraden, Kommilitonen und Kolleginnen.

Einige davon werden dir zu verstehen geben: Ich bin dein Freund! Einige werden dich fragen: Willst du mein Freund, meine Freundin sein? Daraus kann sich etwas vom Kostbarsten entwickeln, was Menschen geschenkt ist – Freundschaft. Bei der Taufe erzählen wir von Jesus, dem Freund der Menschen. Er will auch dein Freund sein. Er fragt dich jetzt oder bei irgendeiner anderen Begebenheit deines Lebens: Willst du auch mein Freund sein? Dann sag: Ja! Er geht mit dir durch Dick und Dünn; er lacht und weint mit dir; er lässt sich von nichts abschrecken. Er bleibt bei dir, wenn kein Mensch mehr zu dir stehen will. Er wird auch mitgehen, wohin wir alle ganz allein gehen müssen – in den Schmerz und in den Tod. Aber das ist hoffentlich noch weit entfernt von dir. Du hörst ihn, du spürst ihn. Und wenn du es noch nicht weißt, dann wirst du es sicher noch lernen: Freunde sind da, auch wenn sie weit weg sind. Freundschaft bleibt, auch wenn man lange nichts voneinander gehört hat.

Im Großen und Ganzen

Von oben nach unten, von links nach rechts, so werden die Linien des Kreuzes gezogen. Das Kreuz ist Zeichen einer Bewegung: vom Himmel zur Erde, vom Dunkel ins Licht, vom Unbewussten in die Bewusstheit, vom Vorherigen ins Zukünftige, vom Göttlichen ins Menschliche, vom Tod ins Leben. Alles mündet ein in die Mitte des Kreuzes, alles quillt daraus hervor.

An ein Kreuz wurde Jesus gehängt und daran festgenagelt. Das Zeichen der Bewegung sollte sein Ende und den Stillstand seiner Bewegung markieren. Aber was ihn bewegt hat und was die Menschen immer bewegt, kann niemand anhalten und tot machen: den Fluss des Lebens und den Strom der Liebe. Dir zeichnen sie zur Taufe das Kreuz auf die Stirn, zuerst der Priester, dann deine Eltern und Paten, vielleicht die ganze Versammlung. Der Strom der Liebe trägt dich und der Fluss des Lebens reißt dich mit. Jetzt gehörst du zu einem Großen und Ganzen – zu Jesus und dem Reich Gottes; zu allen, die an Jesus glauben und die sein Kreuz verehren. Es ist das »Zeichen des Alls und der Erlösung«.

Ins Gebet genommen

Was wird wohl aus dir werden? In welcher Welt wirst du leben? Wirst du gesund sein an Leib und Seele? Werden wir dir mitgeben können, was du zum Leben brauchst? Was wird dir aufgeladen werden? Wirst du glücklich sein?

Das Wunder der Geburt und jeder neue Anfang lässt uns staunen und macht uns zugleich nachdenklich. Wird das Leben so sein, wie es der Anfang verspricht? Kein Mensch weiß das und niemand von uns hat es in der Hand. Darum bitten wir für dich. Alle nehmen dich in ihr Gebet. Die Bitten, die wir laut sagen oder still im Herzen bewahren, sind unsere Wünsche für dich, für deine Familie, für unsere Glaubensgemeinschaft, für unsere Welt – Wünsche, die wir bei Gott hinterlegen.

Nein

Wer Namen kennt und Wörter beherrscht, erfährt einen unglaublichen Zuwachs an Möglichkeiten. Ein Kind sagt Mama, Papa, Oma oder Opa und die Angerufenen freuen sich. Das Kind kann plötzlich jemand Bestimmten rufen. Ich will, dass du kommst! – bedeutet das ausgesprochene Wort.

Nicht das erste Wort, das wir lernen, aber ein ziemlich frühes ist das Wort Nein. Nein, nein ruft man uns zu in freundlichem oder auch schärferem Ton. Du hörst es, du befolgst es oder auch nicht und sehr bald erkennst du die Macht dieses kleinen Wortes Nein. Anziehen! – fordert man dich auf. Nein! Essen – nein! Schlafen gehen – nein! Alles, was man von dir will, kannst du mit diesem winzigen Wort zurückweisen. Den rechten Umgang mit dem Nein zu lernen ist eine lebenslange Aufgabe. Nein sagt sich oft leicht, es kann manchmal eine unendliche Mühe sein. Es gibt Verlockendes, das man mit einem klaren Nein zurückweisen muss. Es gibt Gefährliches, das mit dem eindeutigen Nein gebannt werden muss. Es gibt Bedürfnisse von innen und Ansprüche von außen, denen man mit einem entschiedenen Nein begegnen muss. Das Böse kommt immer mit einem Reiz daher, gibt sich geheimnisvoll und verspricht Macht oder Genugtuung – man kann es nur mit einem klaren Nein bewältigen und meist nur für kurze Zeit. Widersagst du dem Bösen und all seinen Verführungen?, so lautet die Frage an den Täufling. Ich widersage! Die Kraft des Nein-Sagens musst du lernen, auch wenn du damit unbequem wirst. Aber du wirst diese Kraft dein Leben lang notwendig brauchen!

Wasser

Mit Wasser gewaschen,
ins Wasser getaucht,
durch Wasser erfrischt,
mit Wasser gereinigt,
im Wasser gebadet,
mit Wasser getränkt,
vom Wasser gelöscht,
durch Wasser geweckt,
mit Wasser gegossen,
vom Wasser getragen,
mit Wasser gekühlt,
aus Wasser geboren:
Köstliches Wasser,
Quell des Lebens,
Bad der Unschuld,
Tau der Gnade,
Gabe des Christus!

Gefragt

Ein gefragter Mensch zu sein ist schöner, auch aufregender, als wenn kein Hahn nach einem kräht. Die Taufe macht den Kleinsten und den Größten, die Jüngste und die Älteste zu einem gefragten Menschen.

Wenn du zu den Kleinsten und Jüngsten gehörst und die Fragen noch nicht verstehen kannst, werden Eltern und Paten an deiner

Stelle gefragt. Durch den Mund dessen, der dich tauft, fragt Gott selbst dich und wird dich ein Leben lang fragen: Glaubst du, dass ich dich geschaffen habe und nie aufhöre, Neues zu schaffen? Glaubst du, dass ich dich erlöst habe und nie aufhöre, dich zu lösen aus den Fallstricken des Bösen und der Schuld? Glaubst du, dass ich dein Atem bin und nie aufhöre, dich zu beleben? Das sind die Fragen, die bei der Taufe gestellt werden im Namen Gottes, des Vaters, des Sohnes und des Heiligen Geistes. Das sind die Fragen, denen du dich stellen wirst, weil sie dich nie mehr ganz loslassen. Wer seine eigene, originelle Antwort findet auf die Fragen des Lebens – lebendig vollzogen oder gedanklich erwogen –, der ist ein gefragter Mensch und wird es immer mehr.

Kampf und Adel

Kämpfen erfordert Kraft, aber auch Geschicklichkeit. Die Ringkämpfer haben ihren Körper mit Öl gesalbt, um geschmeidig zu sein und schwer zu packen. Was sich im Ring als hilfreich erwies, das wurde übertragen auf die ernsten Kämpfe des Lebens, die jeder mit sich selbst und mit anderen ausfechten muss. Sie bleiben in keinem Menschenleben aus.

Es gibt Dinge, die man nur im Kampf erringen kann, wie den Standpunkt gegenüber anderen und die Aufrichtigkeit zu sich selbst. Die Salbung, die einmal in ihrem Nutzen begründet war, wurde später zum Zeichen der Erwählung und des Adels. Könige, Priester, Propheten wurden gesalbt, damit sie tapfere Vorkämpfer ihres Volkes sind. Du wirst gesalbt, damit du mutig und tapfer dein Leben bestehst. Du wirst gesalbt, weil du erwählt und geadelt bist durch die Taufe. Du hast Anteil an Christus, an seiner königlichen Würde, an seinem priesterlichen Amt und seinem prophetischen Charisma.

Ohren und Mund

Die ungeübten Ohren hören die Laute und den Lärm. Der Lärm platzt herein und man will sich verschließen. Die Laute klopfen an und man möchte sich öffnen. Auch der Mund ist zuerst nur eingeschränkt zu gebrauchen, zum Saugen und Schreien.

Aber bald kommen Lächeln und Plappern hinzu. Ohren, die hören können, und ein Mund, der sprechen kann – das ist ganz viel. Du hörst dich angesprochen. Du darfst dich aussprechen. Darum berührt der Täufer dir Ohren und Mund mit dem Befehlswort: Effata! Öffne dich! Das Wort Gottes, die Wörter der Menschen, die Klänge der Musik und das Pochen eines liebenden Herzens dringen ans Ohr, wollen in die Seele. Lass sie hinein! Das Wort, das sich in dir bildet, die Sprache der Liebe, die Lieder des Lobes und der Klage kommen aus dem Herzen und nehmen den Weg durch den Mund. Lass sie heraus!

Weiß

Das Weiße sei selbst keine Farbe, sagt man, es kann aber jede Farbe annehmen. Jedenfalls hat es Bedeutung.

Die weiße Fahne wird als Zeichen der Ergebung und in friedlicher Absicht gehisst. Das weiße Tuch deckt die festliche Tafel. Von der weißen Weste ist meistens dann die Rede, wenn sie nicht mehr ganz weiß ist. Und das weiße Kleid trägt man am Beginn eines neuen Lebensabschnitts: der Täufling, das Erstkommunionkind, die Braut und – inzwischen selten – der Verstorbene. Das weiße Kleid bezeichnet den Übergang und weist dich aus als einen Menschen, der eine neue Stufe des Lebens betritt. Es meint immer dasselbe: Du bist heute makellos wie das Licht der Sonne. Du trägst ein Gewand – rein wie der frische Schnee –, das dich dem Vergangenen enthebt und hineinträgt in eine gute Zukunft. Die Heilige Schrift sagt: Du hast Christus angezogen.

Hüter des Lichtes

Kerzenlicht hat seinen eigenen Charme: Es ist warm und mild, es verbreitet eine Atmosphäre des Festlichen oder Behaglichen. Für Kinder haben Kerzen noch einen ganz anderen Reiz: Man kann sie ausblasen. Aber das Ausblasen verliert schnell seinen Reiz, wenn keiner da ist, der die Kerzen wieder anzündet.

Manchmal sieht man etwas von erschrockenem Erstaunen über das Gesicht eines Kindes huschen, wenn die Flamme erlischt und ein dünner Rauch nach oben zieht. Anzünden ist ungleich

schwerer als ausblasen. Das weiß jedes Kind, dem zugetraut wird, ein Streichholz zu gebrauchen. Es wird dir ein Licht angezündet, genommen von der Osterkerze. Du siehst das Licht, die lebendige Flamme. Es wird dir aufgesteckt von dem, der sagt: Ich bin das Licht der Welt. Und der dir zuruft: Ihr seid das Licht der Welt! Du sollst dieses Licht bewahren und verbreiten dein Leben lang! Sei Hüter und Hüterin des Lichtes, aber ganz ohne Sorge. Niemand ist in der Lage, das Licht Christi in dir zum Erlöschen zu bringen.

Wie neugeboren

Geburtstag eines Dreijährigen. Die Erwachsenen gratulieren dem Knirps und jeder fühlt sich bemüßigt zu fragen: Wie alt wirst du denn heute? Er antwortet keinem darauf. Er weiß aber genau, sein wievielter Geburtstag gefeiert wird.

Als wieder einer sich ihm zuwendet und im gleichen Atemzug fragt: Wie alt bist du denn heute?, da bricht aus ihm heraus: Ich bin überhaupt nicht alt, ich bin noch ganz neu! Es ist wahr, was der Kleine sagt, er ist noch ganz neu. Vor Gott, wo die Lebensjahre keine Kategorie sind, bleiben wir neu. Gott fängt mit jedem Menschen in jedem Augenblick des Lebens neu an. Wer sich ihm anvertrauen kann – reich an Jahren oder noch ganz jung; erfüllt von Erfahrung oder ganz lebenshungrig; beladen mit Schuld oder noch wenig berührt vom Schicksal – der darf glauben: Er nimmt mich an als sein Kind – wie neugeboren!